Des Açores au Guadalquivir

François Lauverniat

Des Açores au Guadalquivir

Récit d'une traversée inattendue

© *2017 François Lauverniat*

Edition : BoD - Books on Demand
12/14 rond-point des Champs Elysées
75008 Paris
Imprimé par BoD – Books on Demand, Norderstedt
ISBN : 9782322080830
Dépôt légal : **Juillet 2017**

A Clara et Raphaëlle

CHAPITRE 1 : PROLOGUE

Steph m'avait appelé ce samedi après-midi-là. J'étais chez moi à Colombes. Il avait deux choses à me demander. La première, c'était de les aider, Francis et lui, à rechercher un port au Portugal ou en Espagne pour amarrer leur bateau. Ils étaient arrivés deux jours avant à Ponta Delgada, aux Açores, après avoir navigué depuis les Antilles, initialement pour laisser le "Cappuccino" à l'année. Mais une fois sur place, ils avaient constaté que ça n'était finalement pas la bonne idée. D'une part, le port n'était pas assez protégé des vagues de l'Atlantique Nord: y laisser le bateau aussi longtemps sans surveillance serait risqué. D'autre part, même si l'archipel est agréable à visiter, l'utiliser comme port d'attache pour venir faire de la navigation de plaisance en famille une ou deux fois par an pouvait avoir ses limites, surtout pour des Marseillais: la mer est à 17°C.

Pour ces raisons, et peut être aussi poussés inconsciemment par un syndrome de Longue Route (NDLA : tentation de retarder le retour à terre), ils envisageaient sérieusement de poursuivre vers le continent la traversée qu'ils avaient entamée presque trois semaines auparavant au départ d'Antigua pour ramener le "Cappuccino". Nico et Vincent avaient accompagné comme équipiers cette première partie du voyage. Pour eux, qui devaient reprendre leur avion pour la France le lendemain matin, cette parenthèse de transat s'achevait.

Poursuivre la traversée vers le continent, ça voulait dire au moins une semaine de navigation supplémentaire. C'était la deuxième chose dont Steph voulait me parler. Comme je lui avais fait quelques appels du pied par le passé pour qu'il m'emmène sur un bateau: il voulait me dire qu'il y avait de la place pour moi si je pouvais partir rapidement et si je voulais tenter le coup d'une traversée en guise de baptême de voile (à 50 ans, je n'avais encore jamais mis les pieds sur un voilier). Ça tombait bien: je pouvais effectivement partir. Et je ne voulais surtout pas rater cette opportunité qui ne se représenterait peut-être plus jamais.

La rapide étude de marché des ports possibles avait conclu en faveur de Puerto Gelves, juste en aval de

Séville, sur le Guadalquivir. Mes futurs équipiers avaient validé le choix de ce port qui sortait comme le moins cher à l'année et que connaissait déjà Francis, qui avait bourlingué dans les environs. Le temps encore de réserver un billet d'avion et de régler quelques détails, mon départ pour les Açores était prévu pour le mardi après-midi suivant et nous devions appareiller dès le mercredi matin.

Sur ma liste de bagages et de choses à faire avant mon départ, j'avais noté une entrée "carnet de notes". Et puis une polaire aussi, que m'avait conseillé d'apporter Steph pour les soirées fraîches et les quarts sur le bateau. Ce mardi-là, je prenais un taxi de Colombes et décidais de m'arrêter sur le chemin d'Orly au Vieux Campeur pour me payer une polaire digne de ce nom. Je repérais aussi en descendant de la voiture boulevard Saint Germain une papeterie où je pourrais trouver mes carnets. Mais la priorité, c'était bien sûr la polaire. Je trainais évidemment un peu trop pour la choisir et quand je sortais précipitamment de la boutique, je m'engouffrais dans un autre taxi vers Orly en oubliant le cahier. Une deuxième chance m'était offerte au terminal 1 d'Orly West où je trouvais des carnets et un stylo bleu juste avant d'embarquer. J'avais donc tout ce qu'il me fallait pour ce journal de bord: raconter le quotidien de cette traversée, les discussions à bord, ma découverte de la voile, les péripéties et d'autres choses encore dont je n'avais bien sûr pas conscience à ce moment-là.

CHAPITRE 2 : PONTA DELGADA

Mercredi 14 juin 2017 ; 6h30 à bord du Cappuccino amarré au port de Ponta Delgada.

Voilà! C'est parti pour ce journal de bord. Je ne sais si cette résolution que j'ai prise de noter chaque jour quelques lignes sur ce cahier va durer. Mais je m'y lance.

Je suis arrivé en avion hier de Paris via Lisbonne. J'ai retrouvé mon pote Stéphane et son beau-père Francis (NDLA : l'époux de sa mère, Mimi, que je ne connais pas mais dont il a souvent été question à bord car elle a voyagé pendant des années avec son mari sur le Cappuccino entre l'Europe et le continent américain), copropriétaire, avec Mimi donc, du bateau sur lequel je viens de passer ma première nuit.

Nous allons appareiller d'ici 2 heures et prendre un cap vers le sud de la péninsule ibérique pour une navigation d'une semaine avec pour destination le port de Gelves à côté de Séville.

Ce matin, j'ai ouvert les yeux sur l'aube qui éclairait ma cabine: un réduit d'environ 2,5 m², épousant la forme de la coque, comprenant une couchette, une vasque, deux hublots qui donnent à tribord, et des rangements. Ma couchette s'enfonce à moitié sous le cockpit au-dessus de moi de sorte que à l'endroit de mes jambes, je n'ai que quelques dizaines de cm de hauteur. Pas assez pour plier mes genoux une fois allongé sur le dos. Sur le côté de la coque, une étagère comprend toutes sortes de matériels de voile et d'outils: c'est aussi là que j'ai déposé hier soir mes deux sacs à dos qui comportaient peu de choses: parmi lesquelles un peu de linge, des affaires de toilette, un appareil photo, que je jugeais d'abord trop gros et trop lourd au moment de faire mes bagages et que j'hésitais à embarquer, dans le doute par ailleurs de ce que j'allais bien trouver à photographier. Mais qui finirait par servir. Plus ma polaire et mes cahiers, que j'allais aussi bientôt me féliciter tous les jours d'avoir emporté. Je perçois ce matin que j'ai dormi le long d'une canne à pêche et d'un fusil de chasse sous-marine. Dormi est un peu exagéré. Sans doute à cause du café que j'ai consommé hier soir au restaurant avec Steph et Francis. Du café et des verres de blanc et de rouge, aussi. Je n'ai donc pas vraiment fermé l'œil mais je me sens bien, tranquille et en même temps impatient de découvrir ce que c'est de naviguer en haute mer sur un voilier d'à peine plus de 13 m.

Hier soir, c'était le premier contact avec le bateau. Le Cappuccino est un voilier simple mais bien équipé de 44 pieds (13,3 m donc) de long sur 4,2m de large.

Sur le pont, une zone "cockpit" est abritée par une capote prolongée par un "bimini" qui protège du soleil, des vagues et des embruns (enfin, pas de <u>toutes</u> les vagues et <u>tous</u> les embruns). De part et d'autre d'une table escamotable, des coffres de rangement recouverts d'un beau teck servent de banc pour les repas pris sur le pont, les quarts, la sieste ou la lecture. C'est aussi là, en plus que dans ma cabine, que j'écrirai l'essentiel de ce journal. Enfin la barre, monumentale, trône à l'arrière du bateau où elle peut être actionnée de divers points en fonction de la visibilité du barreur notamment lors des manœuvres au port. Quelques instruments de navigation donnent la position, la vitesse et le courant, la force et la direction du vent. Autour du cockpit sont dressés des éléments de balcon ou des chandeliers en inox solidement insérés dans la coque en polyester et entre lesquels sont tendus des filières en câbles torsadés qui sont autant de points d'appuis lors des déplacements sur le pont. L'impression de proximité avec le niveau d'eau est saisissante. Je perçois déjà, sans l'avouer à Steph et Francis, que l'équilibre en mer doit y être précaire et, surtout que les risques de chutes par-dessus bord sont réels. Une impression qui sera confirmée plus tard. C'est là, dans ce cockpit que nous allons passer l'essentiel de notre temps, hormis les moments de repos dans nos cabines respectives et la préparation des repas dans le carré.

Le cockpit intègre aussi 4 des 7 winchs qui permettent en particulier de manœuvrer les écoutes du Génois et de hisser ou de border la grand-voile. Steph m'a décrit sommairement le fonctionnement de toutes ces voiles. Quelque chose me dit qu'il me faudra revoir la leçon…

Quelques marches, la descente, mènent au carré qui comprend le poste de pilotage, un salon, la cuisine et permet d'accéder aux toilettes et aux cabines. Pour accéder au pont inférieur, il faut coulisser une trappe en plexiglas. Mon premier réflexe sera de la laisser ouverte derrière moi. Francis et Steph me recadreront rapidement car en navigation, une vague plus grosse que les autres peut submerger le pont et ce sont alors des dizaines de litres d'eau qui peuvent s'écouler dans le carré. Et même si ce ne sont pas toutes les vagues qui provoquent la catastrophe, je comprends qu'en mer, la loi de Murphy (« ce qui peut arriver, va arriver ») est plutôt plus vraie qu'ailleurs. Concernant la descente, on peut l'emprunter en avant, comme un escalier ou en arrière comme une échelle. Il ne me faudra là encore que quelques essais pour comprendre que la version échelle préconisée est, de loin, la moins casse-gueule.

Il y a quatre cabines à bord du Cappuccino, une grande à l'avant, qui n'est guère utilisable qu'au mouillage car en navigation, la partie avant du bateau est celle où ça secoue le plus. Une plus petite à côté de la grande, rebaptisée aussi « cabine de Vincent » et qui servira, pour cette traversée, à entasser du matériel. Enfin deux grandes cabines à l'arrière, dont celle qui était occupée par Nico jusqu'aux Açores et qui allait devenir la mienne pour la suite. Francis et Steph avaient organisé les couchettes avant mon arrivée. Steph occuperait la cabine symétrique à la mienne à bâbord, Francis resterait dans le carré et aménagerait une des couchettes avec un rebord en toile pour rester caler en position allongée malgré les mouvements du bateau.

Alors que Steph m'avait décrit les voiles, Francis m'a quant à lui parlé du carnet de bord, où les paramètres de navigation (mer, vent, cap, position,…) sont consignés plusieurs fois par jour et notamment à chaque quart. Et il m'a également parlé des quarts justement, qui permettent, pendant que les autres se reposent, qu'une seule personne assume la surveillance visuelle du bateau et de la mer et la prise en compte des alarmes que les nombreux équipements électroniques à bord déclenchent à proximité d'un obstacle potentiel. J'avoue qu'à ce moment, tout cela me paraît encore un peu théorique.

CHAPITRE 3 : DANSE AVEC LE BATEAU

Mercredi 14 juin 2017 ; 16h à bord du Cappuccino.

Nous avons doublé, après l'avoir longée pendant une vingtaine de milles, la pointe de l'ile de São Miguel, principale ile de l'archipel des Açores. Nous sommes maintenant en pleine mer.
Le vent est revenu après trois heures de moteur en sortant de Ponta Delgada. Nous voguons (j'aime bien ce mot : « voguer », c'est la première fois que je l'utilise je crois, mais ça m'est venu naturellement en écrivant ces lignes). Nous voguons donc sous le soleil sur une mer peu agitée. C'est le terme technique que Steph et Francis ont noté sur le carnet de bord en face de « état de la mer ». Pour autant, ces premières sensations de voile sont déjà une vraie découverte. Contrairement aux gros bateaux sur lesquels j'ai eu l'occasion de monter, qui tracent leur route et à bord desquels on ne sent pas vraiment la mer, et même comparé aux premiers milles parcourus au moteur depuis Ponta Delgada, le Cappuccino épouse maintenant chaque vague. Il slalome entre

elles, se laisse porter par la houle, gîte d'un bord à l'autre dans un mouvement qui peut évoquer une danse. Bien sûr, c'est le bateau qui danse sur la mer. La mer, elle, elle s'en fout, elle a ses propres raisons qui la font bouger. Sa logique, résultat de la superposition de dizaines d'ondes et de courants venant de toutes les directions dépasse d'ailleurs notre entendement, même si on croit la percevoir en observant parfois un train de houle régulier. Dans ce chaos impénétrable, je m'étonne de l'agilité du bateau qui semble maîtriser parfaitement son corps à corps avec les vagues. En tout cas sur cette mer-là.

La conséquence directe de tout ça, c'est bien sûr que ça bouge aussi pour nous. Et en ce qui me concerne, ça bouge même plus que ce que je n'ai jamais connu auparavant. Pourtant, je me sens bien : je ne ressens pas de nausée pour l'instant. Tout le monde y passe paraît-il avant de s'amariner. Ou pas. J'ai appris d'ailleurs que Nico avait dégusté pendant presque deux jours au départ d'Antigua. Pour l'instant donc, je ne connais pas ce fameux mal de mer, mais je le redoute un peu et d'une certaine manière, je le guette aussi. Ce que je sais être une vraie connerie : un peu comme s'évertuer à se pencher dans le vide pour voir si on ne va pas finir par sentir le vertige…

Rationnellement, je suis convaincu qu'il vaut mieux ne pas y penser. Mais bon, se forcer à ne pas penser à quelque chose, c'est aussi un des meilleurs moyens …d'y penser, justement. Bref, comme résolution pratique, je m'applique à suivre les mouvements du bateau et à regarder, en particulier entre deux lignes d'écriture, un repère fixe à l'horizon. Avant de partir ce matin, j'ai aussi pris un comprimé « Mercalme », sur les conseils de Steph et à titre préventif. Vincent m'avait d'ailleurs gentiment envoyé un sms d'encouragement que j'avais reçu avant que nous sortions du réseau téléphonique. En conclusion de son texto, il m'engageait aussi de manière énigmatique à demander à Steph de me fournir de « l'américain ». Après vérification, j'avais appris qu'il s'agissait de la version diffusée aux US des cachets contre le mal de mer, laquelle est réputée plus puissante que la version européenne. J'avais donc pris de mon côté la petite dose mais je n'avais pas à m'en plaindre. En tout cas pour l'instant.

Mercredi 14 juin 2017 ; 18h

L'après-midi s'étire en musique. Steph a mis une mini-enceinte sur le pont sur laquelle il fait jouer une playlist de chansons françaises des années

70/80. Sardou, Jane Bikin entre autre et puis aussi Nicolle Croisille. Est-ce la mer qui bonifie la musique ? ou une sorte de résonnance avec les mouvements du bateau? Toujours est-il que je suis obligé d'admettre que j'écoute avec plaisir ces tubes de mon enfance que j'aurais peut-être trouvés ringards dans d'autres circonstances. Je dissimule même, va savoir pourquoi, plus d'une larme sur le « Une femme avec toi » de Nicolle Croisille. Je me garde bien de partager cette émotion avec mes collègues car je sens bien que c'est un coup à se faire foutre de sa gueule. Et aussi afin d'éviter tout malentendu : le huis clos de la traversée ne fait que commencer...

CHAPITRE 4 : IL FAUT PAS TOMBER

Jeudi 15 juin 2017 ; 2h30 du matin

Je prends officiellement mon premier quart sur le bateau. Steph, qui était avant moi, m'a réveillé et m'a expliqué la situation : la mer est plate et il n'y a pas de vent. De fait, on est au moteur depuis 21h30 hier soir. Mon boulot est simple tel que je le comprends à ce moment-là: rester éveillé, scruter la présence d'un autre bateau, voilier ou cargo. Notre bateau est équipé entre autre d'un radar qui peut détecter une autre embarcation dans un rayon paramétrable de 8 milles. Steph se veut rassurant : même si c'est un cargo qui navigue à 20 nœuds vers nous, ça laisse quand même 15 / 20 mn pour réagir, prendre contact avec le bateau et s'éviter. Donc pas de panique.

Il insiste en revanche sur le harnais que je dois porter, attaché à une des longes qui sont elles-mêmes reliées au bateau. Je n'aurai de toute façon rien à faire à l'avant pendant mon quart mais si je dois aller vérifier quelque chose à l'arrière du bateau, je dois garantir à tout moment mon assurance, comme en escalade, en passant d'une longe à une autre. Sur cette mer calme, je ne m'imagine pas, même avec mon inexpérience, chuter par-dessus bord. En revanche, si pour une raison ou une autre, ça se produisait, Steph me confirme comme s'il avait lu dans mes pensées qu'il ne faut pas non plus imaginer s'en sortir : c'est presque toujours fatal. Le mot important étant « toujours » et pas « presque ». Ce petit briefing produit son effet car, au moment où Steph va se recoucher et qu'il me demande si ça va aller, je lui confirme que, oui, j'ai bien compris les consignes. A ce moment-là, je pense très fort au fait de bien attacher les mousquetons à mon harnais et, beaucoup moins fort, aux histoires de radars et de cargos.

Je suis maintenant seul depuis un moment. Je lève la tête et regarde autour de moi. La lune vient d'apparaître. Elle éclaire timidement le ciel nuageux. Pas d'étoiles visibles ce soir et on devine plus qu'on ne voit l'horizon. Aussi loin que je puisse distinguer, les feux du bateaux et ma frontale sont les seules autres sources de lumières. Je lutte contre le sommeil.

Jeudi 15 juin, 5 heures

Comme convenu, je dois passer le quart à Francis à 5h. Juste avant, je rentre dans le carré et m'installe au poste de pilotage afin de remplir le carnet de bord. Je croise Francis qui se lève au même moment. Il m'explique vite fait et se dirige vers les toilettes. Juste après qu'il ait fermé la porte, une alarme se met à retentir. Je regarde avec un sentiment d'urgence mais aussi pas mal de perplexité les cadrans en face de moi. Francis ne réagissant pas, chaque coup de sirène me rappelle que j'ai moi-aussi envie d'aller aux toilettes. Au bout de ce qu'il n'aura finalement été qu'une poignée de secondes, mais beaucoup plus dans ma tête, la porte des toilettes à l'avant du bateau s'entrouvre. Francis passe la tête et me lance ce qui ressemble à une consigne car ça commence par « - Appuie sur … ! ». Sauf que je n'ai pas compris sur quoi je dois appuyer. Il faut dire que Francis a un accent du Var assez prononcé en plus d'une voix un peu étouffée, type Marlon Brando dans « le Parrain » si vous pouvez imaginer le résultat. Je lui fais régulièrement répéter ses phrases. Et le bruit du moteur tout proche n'arrange rien. Je lui signifie mon incompréhension en faisant une grimace débile et en ouvrant légèrement les bras, paumes de mains vers le haut. Il répète, sans doute plus fort, mais pas assez pour moi car je n'ai toujours pas compris. Il referme la porte des chiottes et disparaît à nouveau. La sirène continue. Je pense aux 20 mn dont parlait Steph tout à l'heure. Combien se sont écoulées ? La porte des toilettes s'ouvre à nouveau. Francis sort en refermant son pantalon. Il saisit mon désarroi et sourit doucement. « -Appuie sur GUARD ! » me dit-il en s'approchant. Cette fois, j'ai compris. Je localise le bouton sur le clavier de l'écran radar. J'approche mon index du bouton et je regarde Francis pour recueillir sa validation finale. Il valide. Je presse le bouton. La sirène s'arrête. Francis regarde l'écran radar. Il y a un gros pâté de lumière en bas à gauche. Ça veut dire que l'obstacle est derrière nous. A environ 5 milles. Après s'être approché un peu plus de l'écran, il se retourne vers moi en plissant les yeux. Je me rends compte qu'il a ma frontale en pleine face : je l'éteins.

« -C'est un grain » dit-il.

« -un quoi ? »

« -un grain : un nuage, avec de l'eau dedans, qui a déclenché le radar »

Il désigne la forme patatoïde sur l'écran, très différente apparemment de celle d'un gros bateau qui serait un trait rectiligne.

« -je vais quand même aller voir » conclut-il.

Je suis rassuré. Je pense que c'est quand même bien foutu ces radars même s'il y a de temps en temps des alertes intempestives. Qui peut le plus, peut le moins, non ?

Je ne sais pas encore à ce moment-là que le dit radar, en plus de se déclencher parfois pour rien, ne détecte pas toujours les trop petits bateaux dont la coque est couverte par la houle. Comme ailleurs, plus qu'ailleurs, la navigation n'est pas une science exacte. Elle n'exclut pas l'expérience, ni une part d'imprévu.

Jeudi 15 juin, 10h30

J'ai « comaté » sur ma couchette depuis que j'ai laissé Francis sur le pont à environ 6 heures. On avait un peu discuté des grains, de la vitesse à laquelle ils se déplacent, et de ce qu'ils peuvent aisément rattraper un bateau. Celui qui avait déclenché le radar ne nous avait pas rattrapés : il s'éloignait de nous. Puis on a de nouveau parlé sécurité car Francis avait vu trainer une longe à l'arrière du bateau accrochée à un balcon avec un mousqueton. C'était celle que Steph avait placée à mon attention. Francis avait approuvé, sans plus de commentaire. Je l'avais relancé sur ce qui se passe si on tombe.

J'avais aussi évoqué Tabarly. A ce sujet, Francis semblait bien connaître l'histoire et avoir son avis sur ce qui s'était passé. Je révisai avec lui ce que j'avais compris de la procédure d'homme à la mer. Il insista sur le fait que, parmi les actions à mener en urgence, après avoir lancé une bouée avec un « Phoscar », et si possible en ne perdant pas de vue le naufragé, il faut arrêter le bateau le plus vite possible en le faisant remonter au vent. Au sujet des Phoscar, le cappuccino est équipé de deux bouées (en forme de) fer à cheval munies de lampes étanches, appelées « Phoscar » qui s'allument automatiquement lorsqu'on les met à l'eau. Je lui demandai comment on sait que la lumière marche. Il dit qu'il a changé les batteries mais ajouta en pointant la lampe à bâbord qu'à son avis, elle, ne marchait pas. Elle est sensée s'allumer en se retournant dans l'eau. Nous essayions et effectivement, elle ne s'alluma qu'une fois sur deux, en hésitant. Francis me montra l'autre, à tribord, fixée au bout d'une perche qui permet d'être vue de plus loin et dans une mer plus agitée. Cette torche-là était différente aussi car elle s'allumait dès que le clip magnétique qui la relie au bateau était libéré. Elle marcha impeccablement. Je conclus, à moitié en plaisantant « -il faut tomber du bon côté, quoi ! ». Et Francis de me corriger, pince sans rire : «- Non, il faut pas tomber ! ».

CHAPITRE 5 : LA BONNE DIRECTION

Jeudi 15 juin, 23h 30

J'ai pris le premier quart cette nuit de 10 heures à 1 heure du matin. Nous marchons toujours au moteur mais la météo annonce du vent pour le milieu de la nuit. Donc il vaut mieux que ce soit pendant le quart de Francis ou Steph. La mer est calme, ce début de nuit sans lune laisse apparaître un magnifique ciel étoilé. Je ne peux guère le voir de l'intérieur du cockpit à cause de la capote donc je suis obligé de me tenir debout à l'arrière du bateau pour regarder par-dessus. Je prends soin de bien m'attacher…
J'ai encore une heure et demie à tirer avant de passer le relai et, encore une fois, je peine à rester éveillé.

Vendredi 16 juin, 7h30

Depuis ma couchette, j'ai entendu Francis manœuvrer au-dessus de ma tête vers 6 heures. Le moteur a d'abord ralenti, puis j'ai entendu des bruits d'écoute pour dérouler le Génois. Enfin, le bruit du moteur a laissé la place au ruissellement de l'eau sur la coque et au sifflement du vent. Il ne reste plus qu'une seule trace, discrète, de bruit mécanique : celui de la sirène de l'alternateur que j'entends à travers la paroi de ma cabine. La mer semble calme. Je suis tenté un moment de repiquer un somme mais je décide de me lever quand même. D'abord parce que j'ai un peu mal à la tête et un peu d'air me fera sans doute du bien. Ensuite car je perçois à travers le hublot la lumière jaune du soleil levant. Signe de beau temps.

Je ne suis pas déçu : le temps est superbe. Francis, que je croise en montant me confirme ce que j'avais entendu : nous touchons 8 nœuds de vent après 24 heures de « pétole ». Il pondère cependant la bonne nouvelle en rajoutant avec un sourire malicieux « -on a coupé le moteur, mais on ne va pas dans la bonne direction ». Il précise que le vent n'est pas assez fort pour prendre le bon cap donc on abat un peu et si le vent forcit on pourra peut-être lofer plus tard. De fait, notre cap est à 117° alors que la ligne droite donnerait 94°. Un quart d'heure après Francis rectifiera effectivement le cap à 109° en profitant d'un peu plus de vent. Pendant ce temps, je me suis installé sur une des couchettes du cockpit où j'écris ces lignes. Le Cappuccino balance doucement, penché à tribord.

Je me rends compte à ce moment que je n'ai plus mal à la tête.

C'est à ce moment où nous avons dû infléchir notre route pour mieux prendre le vent et des échanges qui ont suivi que remonte ce qui va devenir une plaisanterie récurrente entre nous. A savoir le fait de finalement mettre le cap sur le Sénégal et de continuer la route. Quand le sujet vient sur le tapis, entre les efforts de Steph et les miens pour développer le délire jusqu'à l'absurde (exercice auquel on se débrouille ma foi pas mal et qui nous fait bien marrer), c'est aussi l'occasion pour Francis de décrire sa descente avec Mimi il y a une dizaine d'année le long de l'Afrique. Et d'évoquer avec passion les fleurs de Madère, les mouillages dans les Canaries et le séjour à Dakar avec son lot de rencontres exotiques et attachantes. Au-delà du délire, c'est vrai que ça donne envie.

Pour mesurer le trafic que nous avons rencontré depuis notre départ de Ponta Delgada, c'est-à-dire depuis 2 jours et 2 nuits, il suffit de compter. Combien de bateaux : aucun. Combien de poissons, pour ce qui nous a été donné de voir depuis le bateau : un aileron aperçu à 200 m alors que nous quittions les Açores, (peut être une

Orque ?), un dauphin qui a accompagné le bateau sur quelques dizaines de mètres et a vite disparu, deux tortues qui reprenaient leur souffle à la surface, une dizaine d'oiseaux qui arrivent de nulle part, font quelques rase mottes, parfois se posent quelques secondes, puis repartent un peu plus loin et disparaissent vite à l'horizon. Une vingtaine de « Velela-Velela », ces petites méduses qui ont développé la capacité de prendre le vent en laissant émerger une partie de leur anatomie en forme de poche. Elles doivent ainsi j'imagine naviguer, pas seulement par leur nage ou en se laissant porter par le courant mais aussi, comme nous, en s'aidant du vent. Ça ne doit pas les empêcher de se faire gober par la tortue qui passe par là. Mais ça, c'est le lot de la plupart des bestioles dans l'eau autour de nous. Dans l'océan à cette distance des côtes et des fonds, difficile de se cacher…

Etre seul avec la mer, aussi parce qu'elle est toujours là mais toujours différente, est une des récompenses de cette traversée. Pour autant, elle a son côté frustrant aussi car si on ne voit rien de ce qu'il y a en dessous, on devine aussi qu'il s'y joue une formidable partie. Or, sauf accident, dont on a déjà établi précédemment qu'il serait fâcheux, je sais maintenant que je ne mettrai pas la tête sous l'eau pendant ce voyage.

L'histoire de Francis, qui a vu son collègue disparaître, comme aspiré dans l'eau, n'a rien arrangé à la phobie que je ressentais déjà à l'idée de servir de nourriture à une grosse bête en dessous de nous. Francis travaillait alors sur une plateforme pétrolière au Brésil, dans les années 70. Lors d'un transfert de personnel dans une nacelle manœuvrée par une grue, la nacelle a heurté un bout de la plateforme et un type a été déséquilibré et a chuté dans l'eau. Ils n'ont pas eu le temps de descendre le rechercher. Francis explique qu'à l'époque ils jetaient pas mal de nourriture par-dessus la plateforme et qu'en quelques semaines, ça s'était organisé en dessous. Les petits poissons bouffaient les restes des assiettes des ouvriers, les plus gros poissons venaient manger les petits et ainsi de suite. De sorte qu'il y avait en permanence des dizaines de requins qui rodaient. Certes la probabilité de tomber du bateau en pleine mer à proximité d'un requin est sans doute bien moindre, mais qu'est-ce qu'on en sait vraiment?

CHAPITRE 6 : SALUER LES GRAINS

Vendredi 16 juin, 10h30

Depuis une heure, Francis s'active pour optimiser la marche du bateau, rectifier le cap, régler les voiles. Je l'observe tout en écrivant mon journal pendant que Steph, qui a pris le quart de 1h à 4h, dort encore.

Le vent est bien rentré depuis hier mais le ciel commence à devenir menaçant. Francis me montre une grosse masse sombre à l'horizon. C'est un nouvel orage qui est devant nous. Il m'avise qu'il va falloir le surveiller de près car les vents peuvent parfois être très forts dessous.

Francis a une expression exprimant la prudence dont tout marin doit faire preuve face à la toute-puissance de la mer : « Arrondis les caps et salue les grains et tu feras un vieux marin ». Voilà qui est parlé : l'aventure en mer est suffisante pour ne pas avoir à en rajouter en prenant des risques !

Pour l'heure, je ressens comme une ambiance de veillée d'arme. On va voir…

Vendredi 16 juin 13h00

On n'a rien vu. L'orage a glissé à bâbord et on est de nouveau tombé dans une « pétole » qui nous a contraints de remettre le moteur en marche pour pousser notre vitesse de 3 à 6 nœuds. Steph m'a coaché pour border avec lui le génois qui claquait trop.

On retente le coup pour pêcher un poisson. Les deux derniers jours, on a laissé nos deux lignes avec des hameçons multicolores en forme de petits calamars mais pas un poisson n'a mordu. Personnellement, je pense qu'il y a trop de couleurs et trop de fluo. Ou alors, c'est une question d'horaires. Les poissons ne mangent pas à n'importe quelle heure. Ça, c'est l'avis de

Francis. Steph n'a pas d'avis la dessus : il dit que ça va finir par mordre. En attendant, on va sortir les sardines en boîte pour le déjeuner.

Des restes d'omelettes aux pâtes avec une sauce créole et ces sardines nous ont régalées. Au moment du café, j'étais assis à bâbord en face de Steph alors qu'il racontait une histoire de poissons qu'ils avaient vus à Antigua. Il s'est tout à coup cabré et a pointé l'horizon derrière moi. C'était un groupe d'une dizaine de cétacés de belle taille (je ne sais même pas s'il s'agissait d'orques ou de cachalots ou encore d'une autres espèce mais nous étions d'accords à bord qu'ils étaient trop grands pour des dauphins) qui nous croisaient à moins de 100 m. Ils ont fait 2 ou 3 ondulations caractéristiques avant de disparaître à l'horizon dans la houle. Tout de suite j'avais pris mon appareil qui était à portée de main et lancé la vidéo. Le temps de me rendre compte que je n'avais pas enlevé le cache sur l'objectif, il était déjà trop tard. Une image manquée sans doute mais pas vraiment de regret : ces rencontres avec les locataires à l'année de la haute mer sont comme des mets rares, mais qui se consommeraient sur place. Ils méritent mieux qu'une mauvaise photo souvenir qui ne signifie de toute façon rien à personne d'autre.

Alors que moi, cette photo, je l'ai dans la tête et je n'oublierai pas la magie de cette apparition.

CHAPITRE 7 : COSTUME DE QUART

Vendredi 16 juin 22 heures

On a organisé les quarts comme hier. Je prends le premier à 10h puis Steph me relaye à 1 h du matin et enfin Francis prend le sien à 4h. En revanche, ce soir, ça n'est pas la même limonade que les deux premiers : le vent force 5 induit une gite importante au bateau et comme en plus, nous naviguons au près, la coque du Cappuccino tape régulièrement sur les vagues. On a renoncé à faire la cuisine ce soir et dîné pour la première fois de sandwichs en calculant en plus chaque geste pour ne pas tout renverser.

Un peu avant le repas, on a croisé notre premier cargo qui est passé à 2 milles à bâbord.

Une fois mangé, Francis va se coucher le premier et Steph reste un peu avec moi. Je pense qu'il veut vérifier comment je me sens avant de me laisser seul. Je lui demande sa veste de quart imperméable car de l'eau éclabousse déjà le pont et j'anticipe que le vent ou la mer pourrait encore forcir pendant mon quart. Francis, qui est déjà descendu mais n'est pas encore couché me la passe par la trappe.

Il me propose le pantalon aussi. Je lui réponds que « -non, ça ira ». La veste de Steph est pré-équipée d'un harnais un peu emmêlé, je peine à l'enfiler en gérant au mieux mon équilibre. Je me sécurise de suite au mousqueton de la longe. Je suis en train de mesurer les efforts pour en arriver là lorsqu'une vague plus grosse que les autres submerge tout à coup le pont à bâbord. Vaincu, je décide que finalement, je le veux bien, le pantalon de quart qui va avec la veste.

Lorsque Steph me laisse enfin, je me rends compte que j'ai un besoin irrépressible d'uriner. Impossible d'utiliser les toilettes en bas, d'autant moins avec mon attirail de quart. Encore moins pisser sous le vent debout à l'arrière du bateau. Je me résous donc à utiliser le gobelet qui sert à cela dans le cockpit. Même dans cette configuration, il me faudra une bonne dizaine de minutes pour y arriver, assis, avec slip, pantalon, sur pantalon, le tout sur les chevilles. Il faut boire sur le bateau. Mais pas trop quand même.

Il est maintenant 23h20 le vent n'a pas faibli et la mer paraît encore plus grosse de sorte que je ressens une oppression au niveau de l'abdomen, signe avant-coureur du mal de mer. Je suis régulièrement contraint de laisser ce journal pour m'employer à respirer profondément.

Le bateau poursuit sa course dans ce début de nuit sans lune. En regardant l'étrave à travers la lucarne du capot, je ne distingue que la lumière avant verte à tribord. A chaque fois que l'avant s'enfonce sous l'effet du tangage, une gerbe d'écume s'éclaire fugacement comme un flash. Cette gerbe s'accompagne d'un dérapage violent de l'étrave vers bâbord sous l'effet de la forte gite côté tribord. Ça vous tord quasiment les côtes. D'ailleurs, preuve que ça secoue, le Phoscar à bâbord qui doit être équipé d'un accéléromètre pour s'allumer une fois retourné, s'allume périodiquement sous les à-coups. Vivement la relève.

Samedi 17 juin, 9h

Hier au déjeuner, débat entre nous sur les détritus à bord. Nous mettons les déchets de cuisine dans des sacs en plastiques que nous glissons ensuite une fois pleins dans l'annexe à l'arrière du bateau. C'est la majeure partie des déchets mais il y a aussi ce qu'on génère en mangeant. J'ai été surpris de voir jeter par-dessus bord des bouteilles en verre, des emballages plastiques ou des boites de conserves. Déjà, il y avait eu discussion lors de la

1ère partie de la traversée avec Vincent. Francis me prend bille en tête : « -tu te crois écolo aussi ? Comme Vincent ? ». Je lui confirme. Il minimise : « -que crois-tu que l'on puisse faire, nous, aussi petit dans cette immensité ? ». Je lui parle des plages polluées de détritus plastiques. J'oublie d'ailleurs de mentionner les zones sinistrées des océans où les courants accumulent les déchets plastiques sur plusieurs mètres de profondeur. J'ajoute que je fais une différence avec les déchets qui coulent au fond et qui sont dissouts par le sel dans les profondeurs. Il me prend dans ma contradiction : « -c'est hypocrite : c'est le même geste mais ça se voit moins ». Je déplace le débat : « et les tortues qui s'étouffent avec des morceaux de plastiques en croyant que ce sont des méduses ? ». Il a sa réponse: « en mourant, elles donnent à manger aux autres». Je résume ici la discussion qui a quand même duré un moment. Dans la suite du voyage, on a juste chacun de son côté agi selon ses convictions et je n'ai plus trop remis le sujet sur la table. Peut-être parce que je sais que je ne changerai pas Francis, que j'aime bien par ailleurs. Peut-être aussi parce que je suis sur son bateau.

Samedi 17 juin, 22h

Je prends mon quart. Nous venons de finir le diner, composé d'un riz aux saucisses avec une sauce créole, ma foi, tout à fait corrects. Pour la première fois de la traversée, nous sommes restés à l'abri du carré car la mer secouait trop et il y avait trop d'embruns en haut. La preuve : à la fin du repas, le gobelet en verre de Francis a été éjecté et s'est fracassé sur le parquet. Il faudra faire attention en marchant pieds nus demain. Ça n'a l'air de rien mais se planter un bout de verre en faisant un pas de côté pour se rattraper d'un déséquilibre, ça peut être méchant. Moi, je dis ça c'est pour mes collègues car j'ai mes chaussures de pont que je ne quitte que pour aller aux toilettes ou me coucher.

Samedi 17 juin, 23h40

Une énorme vague vient d'inonder le pont et a dégouliné à l'arrière de sorte que tout le cockpit est trempé. Dans la pénombre, je ne m'en suis aperçu que quand j'ai commencé à avoir le cul mouillé. En parlant de cul, Francis apparaît 2 mn après, à poil et m'interpelle « -c'est quoi qui vibre comme ça ? ». Je prends la torche pour observer le bord des voiles et regarder en particulier les penons,

comme me l'a conseillé Steph plus tôt. C'est vrai que les bords de la grand-voile et du Génois battent un peu. Je n'ai pas le temps de lui demander ce que je dois faire qu'il est déjà dans le cockpit et qu'il saisit la manivelle de winch, libère l'écoute du génois et donne un ou deux tours. Puis il fait la même chose pour border la grand-voile. Je le regarde faire. Moi en veste de quart et harnais, lui à poil, de 25 ans mon ainé. Une autre photo impossible à prendre…
Comme dit Steph pour pondérer mon ignorance : « François, ça fait 3 jours que tu fais de la voile : tu ne peux pas tout savoir ! ». Clair.

Depuis le début de la soirée, le canal de secours VHF (celui qui est toujours branché dans le cockpit et au poste de navigation) est utilisé par des marins hispanophones pour déconner et chanter. Je me demande si ça picolerait pas un peu sur les bateaux…En parlant de ça (du canal VHF, pas de la picole), Francis a entendu les mots Pan-Pan tout à l'heure, synonymes que quelqu'un a un problème à bord quelque part. Je demande ce qu'on peut faire à une annonce comme ça. La réponse de Steph est sans appel « -rien ! ». Puis il ajoute avec le grand sourire qu'il a quand il déconne « -s'ils te font chier, tu coupes la VHF … ». Normalement l'annonce Pan-Pan concerne des problèmes techniques ou des blessés à bord. Si des vies humaines sont vraiment en danger, le préfixe exclusif et prioritaire utilisé devient MayDay. Là, on rigole plus.

CHAPITRE 8: LE CALAMAR VOLANT

Dimanche 18 juin, 4h30

A 3 heures et demie, c'est-à-dire pendant le quart de Steph, j'ai entendu qu'il actionnait les winchs au-dessus de ma tête. Maintenant, je sens qu'on se balance comme un bouchon et je vois par la porte ouverte de ma cabine qu'il y a de l'activité dans le carré (règle à bord : les portes des cabines restent ouvertes pendant les quarts pour réagir plus vite à une urgence). Je sors de ma cabine. Francis et Steph ont enlevé l'échelle de la descente qui sert de capot au moteur Perkins de 50 cv du Cappuccino. Je demande à Steph si mon impression est juste et qu'on n'a bien plus de vent. Il me confirme : plus rien. Le vent avait commencé à faiblir, alors il a envoyé tout le génois. C'était ce que j'avais entendu il y a une heure. Et puis comme c'est tombé complètement, ils ont tout rentré pour ne laisser que la grand-voile. On va donc repartir au moteur et c'est pour ça que Steph a ouvert le capot : pour vérifier l'huile et en profiter pour écoper l'eau qui s'est introduite dans le carter. Une fois cela fait, Francis monte au cockpit. J'entends le bruit strident de l'alarme lorsqu'il tourne la clef puis, après quelques ratés, le moteur démarre et nous voilà repartis à 6 kts. Comme je suis installé au poste de navigation, Francis m'indique comment allumer le feu de hune, situé au milieu du mat, qui signalera aux autres bateaux que nous marchons au moteur. Ça veut dire en particulier que nous perdons notre priorité absolue par rapport aux autres bateaux à moteur. Je me dis que tout cela est bien foutu même si, en l'occurrence, il n'y a personne…

Steph envoie un café italien sur le gaz et on se prend le petit déj. Francis décide que l'on va avancer l'heure officielle du bateau (totalement arbitraire) d'une heure. Steph et moi, on ne dit rien mais je perçois à son sourire qu'il a compris comme moi que le fait d'avancer l'heure à cet instant réduit d'autant le quart de Francis. En même temps, il faut être honnête, le dernier quart de la nuit est toujours le plus long car personne ne se lève à 7h pour relayer Francis.

Il est maintenant 6 h officiel et je décide d'aller me recoucher et d'écrire ces quelques lignes. Francis m'appelle 5 mn après : il est hilare. Je vois la main de Steph pendre de la descente avec un truc au bout que je n'arrive pas à distinguer (il faut vraiment que je change mes lunettes). Francis insiste pour que je me lève. C'est un calamar identique à ceux que l'on utilise pour pêcher sauf que lui n'est pas bleu disco ou rouge fluo et qu'il sent le poisson mort. Steph l'a trouvé sur un cordage en rangeant. Il avait dû atterrir là avec une de ces grosses vagues qui ont aspergé le pont ces deux derniers jours. Je me dis que celui-là peut au moins se vanter de ne pas avoir fini sa vie, bouffé par un plus gros comme tous ses copains. Peut-être aussi le signe pour nous qu'on va enfin pêcher quelque chose ? Ou pas.

CHAPITRE 9: LES 3 F ET VICTOR HUGO

Dimanche 18 juin, 12h50

Je suis monté sur le cockpit pour prendre un peu l'air. Quand je suis sorti de ma cabine, Francis venait de se coucher et Steph dormait encore. On déjeunera quand on déjeunera mais en écrivant ça, je me rends compte que je n'ai rien pris depuis hier et je ressens comme une gêne au niveau de l'abdomen. Avoir faim, c'est un des déclencheurs du mal de mer. D'ailleurs, Francis et Steph m'ont alerté sur les 3 F, ennemis du marin : la Faim, la Fatigue et le Froid. Donc je redescends me prendre une petite compote pour caler mon estomac et j'en profite pour prendre ma polaire car je me les gèle en T-shirt. Et qu'il faut rentabiliser tous les déplacements sur le bateau.

En descendant, je lis « La mer est un espace de rigueur et de liberté » : ce brillant oxymore de Victor Hugo figure sur une tapisserie qui trône à côté du poste de navigation du Cappuccino. Exercice de style ou pas, Victor a raison.

Sur la rigueur d'abord, qui s'impose à tous depuis le respect des consignes de sécurité, jusqu'à la précision dans la navigation, en passant par tous les détails de la vie à bord : ranger systématiquement après usage, anticiper et sécuriser les déplacements deviennent des réflexes sous peine de se compliquer gravement l'existence. Il a raison aussi sur la liberté, que je ressens, en creux, en énumérant tout ce qui sur terre nous attache, parfois pour le meilleur, parfois pour nous contraindre mais qui n'a plus de prise sur le bateau. C'est aussi cet océan et ce ciel, immenses, magnifiques et tout-puissants, qui nous écrasent de leur supériorité évidente et devant lesquels je prends mieux conscience dans cette traversée, que mon seul atout et ma différence, voire ma raison d'être, c'est justement d'être vivant et libre, encore un peu.

CHAPITRE 10: HISTOIRES DE TUYAUX

Dimanche 18 juin, 19h40

J'ai fait ma sieste quotidienne à 17h pour être dispo ce soir pour mon quart. La lutte un rien pathétique contre le sommeil de la première nuit m'aura servie de leçon pour instaurer ce rituel. Quand je monte sur le pont, je trouve Steph affairé à nettoyer les lucarnes du cockpit avec de l'eau douce. Elles étaient devenues opaques avec les projections d'eau de mer (et de calamars…) des derniers jours. Francis me montre à 4 à 5 milles à tribord un cargo dont il me dit qu'il s'appelle « Vos Sweet » et qu'il fait route plein sud vers Las Palmas aux Canaries. J'avais bien entendu le radar se déclencher pendant ma sieste. Francis a ensuite trouvé les détails du bateau en consultant l'AIS. On risque de trouver maintenant plus de bateaux alors qu'on s'approche du cap Saint Vincent. En particulier, il y a des rails de transport maritime, deux descendants et deux montants entre Gibraltar et l'Europe sur une distance de 35 milles. Mes collègues me chambrent gentiment en prétendant avoir tout calculé pour que l'on passe à cet endroit en plein dans mon quart de ce soir.

Steph vient de profiter d'un rayon de soleil couchant pour prendre une douche à l'arrière du bateau. C'est la première fenêtre de tir depuis 3 jours pour ce genre d'exercice car non seulement il y a du soleil, mais la mer s'est aussi calmée de son côté. Un tuyau branché sur une pompe permet de se rincer à l'eau de mer. On l'utilise aussi pour laver sommairement la vaisselle ou rincer des verres. Mais le Cappuccino est aussi équipé d'un désalinisateur qui permet de renouveler l'eau douce à bord pour boire, se laver ou faire la cuisine. En parlant de cela, la cuisine à l'eau de mer est bien un exercice délicat : les gars ont déjà testé des pâtes à l'eau de mer et c'est immangeable. A l'inverse, l'eau douce du « désal » est parfaite pour la cuisine et aussi pour le Pastis, même si pure, elle n'est pas tout à fait à mon goût. Pour la douche, au vu des 19°C de la température de l'océan où nous nous trouvons, Steph opte pour une douche d'eau douce chaude. Un luxe qui nécessite de démonter l'échelle à l'arrière pour accéder à une trappe. Après plusieurs jours d'une toilette plus que sommaire, le parfum du gel douche donne envie mais je procrastine en pariant que le soleil sera encore au rendez-vous demain. Par ailleurs, je veux avancer sur ce journal avant le diner.

Dimanche 18 juin, 22h50

Je viens juste d'attacher le harnais que Steph m'a passé par la descente. Je prends mon quart tardivement, ce qui est toujours un sujet de plaisanterie entre nous : les autres me faisant le procès de faire durer le café à dessein et moi prenant bien soin de repousser toute tentative de leur part de décaler d'autant le début des quarts... Je ne suis pas dupe qu'il s'agit en fait d'une bienveillante espièglerie qui a peut-être aussi pour intention de valoriser ma contribution dans cette traversée et de mieux m'intégrer dans l'équipe. En tout cas, je prends cette responsabilité de quart très au sérieux.

Il est maintenant 23h20 et mon quart a commencé. Je me poste à l'arrière du bateau pour regarder debout par-dessus la capote le ciel étoilé (je suis attaché, bien sûr). Le spectacle est superbe bien que pour être tout à fait honnête, la voie lactée n'est pas si visible que cela ce soir, sans doute parce qu'il est encore un peu tôt et à cause aussi de la pollution lumineuse des lumières du bateau. En revanche, la grand-voile dressée dans la nuit au milieu des étoiles et de la brume donne au Cappuccino une allure de vaisseau fantôme qui mériterait une photo. Malheureusement, il n'y a définitivement pas assez de lumière et encore trop de mouvement pour immortaliser cette image qui restera donc elle aussi, dans ma tête et quelque part, sur ce journal.

Dans les activités de ce dimanche, j'ai oublié de relever le remplissage du réservoir de gasoil du Cappuccino avec les bidons chargés à Ponta Delgada. Comme nous avons fait pas mal de moteur, Francis anticipe que nous devrions manquer de carburant pour remonter le Guadalquivir et que nous devons transvaser les bidons dans le réservoir. Je pose la question du comment. Francis me répond laconiquement « - avec un tuyau ». Devant mon air interdit, il ajoute « t'as jamais siphonné un réservoir ? ». Je les regarde faire Steph et lui: le bidon est posé sur le bord du bateau à proximité du bouchon de réservoir auquel il est relié par un tuyau. Steph couvre l'orifice du bidon par un chiffon à travers lequel il souffle, créant ainsi une surpression qui fait monter le liquide dans le tuyau. Une fois que le liquide relie le réservoir et le bidon, le principe de vases communicants vide le bidon dans le réservoir car tant qu'il y reste du liquide, il est toujours plus haut que dans le réservoir avec lequel il communique. C'est simple et rapide. En ¼ d'heure, les 5 bidons de 20 l sont transvasés sans avoir renversé une goutte sur le teck du cockpit. Je me sens un peu con d'apprendre seulement maintenant cette application pratique d'un principe hyper connu. Pas la peine d'avoir fait Math Sup, math Spé, l'école des Mines et d'avoir bouffé autant d'exercices de Mécanique des Fluides pour en arriver là…Je me sens un peu con mais pas tant que ça : moins que si la même mésaventure m'était arrivée il y trente ans sans doute quand je baignais dans tous ces concepts. Je me console aussi en me disant qu'à l'époque, j'aurais peut-être « intuité » moi-même cette manip. Bon, de toute façon, mon orgueil est aujourd'hui ailleurs. Comme dirait Steph sur les sujets qui ne l'intéressent pas : je m'en cague. J'aime assez cette expression, qui rivalise en grossièreté aux « je m'en bat les couilles » qu'on entend aujourd'hui à volonté dans la bouche des adolescents et, plus bizarrement, adolescentes, mais qui a pour elle un grain d'originalité et de folklore méditerranéen qui la rend tout de suite moins vulgaire. J'ajoute à ce titre que c'est juste l'expression qui me fait rire car Steph est tout sauf je-m'en-foutiste. Un : les sujets qui ne l'intéressent pas sont assez rares. Et deux : sur tout le reste, il ne lâche carrément rien. Sur le bateau, comme dirait mon pote Loran, en montant sa main droite à plat juste au-dessus des yeux : « -ça met le niveau : Là ! ».

CHAPITRE 11: NOTRE AMI PAQUEBOT

Lundi 19 juin, 2h du matin

Je viens de finir mon quart il y a à peine une heure. A une heure moins le quart, soit 15 mn avant de descendre au poste de navigation, remplir le carnet de bord et passer la main à Steph, je fais un dernier tour d'horizon dans la nuit noir. J'aperçois alors un bateau de belle taille à tribord à plusieurs milles. Il se présente de profil et au vu des lumières réparties sur toute la longueur de son pont, je pense qu'il s'agit d'un paquebot plutôt que d'un cargo, qui lui concentrerait ses feux sur la tour. Je réveille Steph (avec peine : je n'ai jamais rencontré quelqu'un avec un sommeil aussi lourd, or cas de coma éthylique ou enfant très fatigué de moins de 18 mois j'entends…). Nous consultons le radar : La barre lumineuse sur l'écran précise que le bateau est à 5 milles. Un coup d'œil sur la tablette de Steph confirme que le paquebot nous a déjà croisé et qu'au vu de sa trajectoire sur la carte, il avait déjà ajusté son cap il y a plusieurs milles pour passer à bonne distance de nous. Il n'avait sans doute pas jugé nécessaire de nous solliciter sur la VHF. Il reprendra quelques milles plus loin son cap initial. Les gros bateaux font attention aux petits sur la mer. Parfois.

A part ça, je me rends compte que le 2ème tour de scrutin des élections législatives en France s'est déroulé hier. J'imagine qu'une petite moitié de la France croit avoir gagné et que cette fois : on va voir ce qu'on va voir. Moi, je pense plutôt que c'est tout vu et que ça fera pareil que d'habitude. De toute façon, à cet instant précis, mon vrai sentiment, c'est que je m'en « cague ».

CHAPITRE 12: UNE DOUCHE ET UN BAIN DE SOLEIL

Lundi 19 juin 11h15

Je viens de m'installer sur la couchette tribord du cockpit au moment où je reprends ce journal. Il fait beau et la mer n'a jamais été aussi calme depuis notre départ de Ponta Delgada. Nous marchons au moteur. L'anémomètre marque 8 nœuds de vent apparent de ¾ avant. Comme notre vitesse réelle au GPS est de 6 nœuds. Ça ne fait qu'environ 2 nœuds de vent vrai.

Francis s'est assoupi dans le carré peu avant que je monte. Comme tous les jours, il a enchaîné son quart de 4h à 7h avec 4 heures supplémentaires jusqu'à 11 h seul sur le pont car ni Steph ni moi n'étions levés.

Comme Steph hier, je me décide à prendre une douche moi-aussi. C'est tellement délicieux que je m'attarde un peu au risque de gaspiller un peu plus d'eau douce que nécessaire. Et accessoirement peut être de me faire un peu engueuler par Francis. Au passage je m'enfile un bout de verre dans le pied. Rien de très grave heureusement. Il faut dire que l'on en a cassé trois, des verres, ces deux derniers jours dont deux dans le cockpit. Même pas par maladresse, juste le mouvement du bateau qui envoie balader tous les objets quand ils ne sont pas calés.

Après cette douche revigorante, et avoir évalué le risque de me déplacer seul en haut, je me dis que je vais aller faire un tour à l'avant du bateau pour prendre le soleil et aussi quelques photos et vidéos du pont du Cappuccino. Avec cette mer, c'est le moment ou jamais.

CHAPITRE 13: MAITRES COQ

Lundi 19 juin 19h20

J'ai pu prendre les photos que j'avais en tête et surtout une vidéo de l'étrave qui s'enfonce et se redresse avec la houle. C'est un spectacle hypnotisant. Je ne me suis pas pris pour « le roi du monde » comme le personnage de DiCaprio dans le Titanic mais il y a quand même un sentiment de puissance à regarder l'horizon depuis l'avant d'un bateau. Certes, le Cappuccino n'a pas la taille ni la splendeur du Titanic. Pour moi, du moment qu'il n'en a pas non plus le destin tragique...
Quand Steph a émergé, il a tout de suite lancé la fabrication du pain pour le déjeuner. Une couronne qu'il fabrique de A à Z (avec la farine, la levure, le sucre et le sel…), fait cuire sur le gaz dans une gamelle fermée. Là encore, comme le coup du siphon des bidons de gasoil, le dispositif est improbable mais le résultat est bluffant. De mon côté, j'accommode en salade avec tout ce que je trouve, les tomates qui nous restent, assez dégueulasses il faut le reconnaître, du supermarché de Ponta Delgada. Ça et des petites saucisses façon churrasco et des haricots verts revenus dans

une persillade, deux tournées de Ricard à l'apéro, une bouteille de rosé et le café italien avec une barre de chocolat : on se soigne. On enchaine avec la vaisselle à l'eau de mer à l'arrière pour Steph pendant que je range de mon côté en bas dans le carré. Je suis content de pouvoir contribuer plus pour les repas. J'avoue que quand ça secouait vraiment, je n'avais pas trop de mes deux mains pour rester debout. J'ai pris une vidéo de Steph, qui assume tout seul la cuisine dans ces moments-là, alors qu'il est en train de remplir la cafetière devant l'évier. Tout à l'air normal à première vue sauf quand on s'aperçoit que le filet d'eau du robinet fait un angle de plus de 30° avec les verticales de la pièce… Ça c'est pour la gite mais il y a aussi toute la dynamique du bateau sur les vagues qu'on ne peut en plus pas du tout anticiper lorsqu'on est en aveugle dans le carré. C'est un sacré métier d'être cuisinier/maître coq sur un voilier.

Quant à Francis, pour la cuisine, il nous laisse la main : c'est pas son truc.

CHAPITRE 14: CHIEN FOU

Lundi 19 juin 20h30

Nous sommes en train de traverser les fameux rails de transport maritime qui relient l'Europe et la méditerranée via Gibraltar. Les tablettes de Steph et Francis ont toutes les deux sonné pour signaler un cargo allant vers Casablanca. Initialement le « Rorichmoor » devait nous croiser à bâbord à moins d'un mille. Francis est rentré en contact avec lui par radio et le cargo a infléchi légèrement sa route de sorte que notre distance au CPA (Closest Point of Approach : l'instant où les deux bateaux sont les plus proches l'un de l'autre) a finalement été de 1,3 milles. On l'a vu nettement passer devant nous, mais à près de 2,5km, ça reste une distance respectable.

Dans le même temps, un autre voilier, bizarrement baptisé « Chien fou », rentre dans la zone d'alertes des tablettes. Ce sont des français que Francis a rencontrés à Ponta Delgada. Nous rentrons en contact avec eux. Ils vont à Portimão sur la côte Portugaise, un des ports que j'avais appelés pour avoir un devis avant de partir. Bien qu'ils soient un peu trop loin pour que nous les voyions depuis le Cappuccino, nous pouvons suivre leur trajectoire sur les cartes des tablettes. Ils nous grignotent à tribord un peu comme un camion qui en double un autre sur l'autoroute : ça prend du temps mais ça finit par passer : Ils se retrouveront finalement devant nous à la tombée de la nuit et nous pourrons alors distinguer leur feu arrière. Pendant toute la soirée, la proximité de Chien fou aura déclenché non-stop les alarmes sur les tablettes. J'ai remarqué que Francis, ce genre de truc, ça l'énerve un peu.

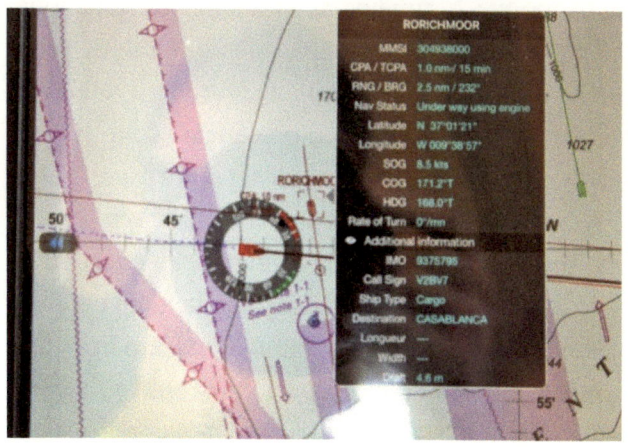

CHAPITRE 15: CLOSEST POINT OF APPROACH

Lundi 19 juin, 23h00

Steph est resté avec moi pendant le début de mon quart. Sans le dire, il pressent qu'il va certainement continuer à y avoir plus de trafic maintenant que nous approchons du cap Saint Vincent et en particulier, d'une zone de pêche repérée sur les tablettes. Effectivement, deux points lumineux apparaissent devant nous. Le plus proche se dédouble bientôt en deux feux, un rouge à gauche et un blanc à droite. La tablette confirme qu'il s'agit d'un bateau de pêche et qu'il vient bien de tribord pour croiser notre route. Selon l'AIS, il navigue à 3 kts seulement, ce qui semble indiquer qu'il doit être en train de relever ses filets à l'arrière. Le CPA calculé par la tablette à ce moment est de 1 mille pour dans environ une heure. Steph et moi nous postons debout à l'arrière pour apprécier la situation tout en gardant un œil sur la tablette posée à plat dans le cockpit. Nous distinguons maintenant la grue du chalutier et les câbles éclairés qui retiennent les filets à l'arrière.

Au vu des trajectoires des deux bateaux et compte tenu que nous devons leur laisser la priorité (nous sommes aussi au moteur et ils sont à tribord), il est préférable de passer devant le chalutier. Par ailleurs, passer derrière nous obligerait à faire un large détour pour éviter à coup sûr les filets de pêche. Steph me demande donc de modifier notre cap de -5° à la commande de pilote automatique à côté de moi, puis -10° supplémentaires. Notre route s'infléchit nettement vers le nord. Il est difficile d'évaluer les vitesses, mais il me semble que nous sommes toujours sur leur route. Steph est aussi de cet avis et il va consulter le recalcule du CPA sur sa tablette. Il me demande de remettre -10°. Le chalutier n'est plus qu'à un demi-mille. J'ai évidemment toute confiance en Steph mais j'ai l'impression qu'on est quand même juste. Je m'en ouvre à lui et il me confirme. D'autant que l'on perçoit à vue d'œil que le chalutier, qui doit maintenant avoir remonté ses filets, a nettement accéléré. Finalement, nous passerons devant le chalutier à environ 200 m (l'AIS calculera 227m exactement), suffisamment près pour voir nettement les silhouettes des hommes sur le pont. Tentative d'intimidation du pêcheur (qui travaille, lui !...) envers le plaisancier ? Ou flegme bien senti du capitaine qui, rompu à l'exercice et observant de plus haut les trajectoires, n'avait aucun doute sur le fait que ça passait ? Peut-être les deux, en tout cas, pour le coup, j'avoue que j'ai un peu serré les fesses.

CHAPITRE 16: LE GOLFE DE CADIX

Mardi 20 juin, 6h30

Je viens d'ouvrir les yeux et de vérifier l'heure. Après l'épisode du bateau de pêche de cette nuit, je suis resté un moment pour débriefer avec Steph et Francis de la situation. Nous avons aussi parlé du plan pour aujourd'hui qui est d'atteindre un mouillage à l'entrée du Guadalquivir d'ici ce soir afin de pouvoir commencer la remontée demain matin en profitant de la marée montante qui doit inverser le courant du fleuve. En continuant à 6 kts, on a estimé qu'on serait juste pour arriver avant la nuit comme escompté. Tout dépendrait des conditions de vent et de courant aujourd'hui. La dessus, j'ai pris congé vers 4 heures, complètement rincé.

Justement, depuis ma couchette, et sans avoir de repère visuel, j'ai le sentiment en interprétant la dynamique générale du bateau que l'on avance bien, au moteur, mais bien. En revanche, ça fait un moment que l'avant du bateau tape comme il le faisait en pleine mer lorsque nous remontions au près. Depuis ma cabine ouverte, j'aperçois Steph à qui je demande s'il est resté debout toute la nuit. Il confirme. Il me dit aussi que, contrairement à ce que je pensais, nous avançons à 3kts à peine car nous avons 3 kts de courant contraire et le vent contre. J'écris ces quelques lignes et décide de me lever et d'aller manger quelque chose car j'ai soudain très chaud et je commence à ressentir cette oppression caractéristique de l'abdomen. Ce serait un comble de gerber maintenant…

Je monte sur le cockpit et me rend compte de la situation décrite par Steph. A savoir qu'il y a une houle dans tous les sens, les vagues sont surmontées d'une crête blanche et le pont est aspergé d'embruns. Ni Francis, ni Steph ne pensaient rencontrer ce genre de condition dans le golfe de Cadix. A cette allure, nous allons prendre un jour de retard en un seul jour. A quelques mètres du Cappuccino, j'aperçois un goéland, qui confirme malgré l'état de la mer et la terre qu'on ne distingue pas à l'horizon, que nous nous sommes rapprochés de la côte.

Steph décide d'aller enfin se reposer, il est 8h. Je reste seul dans le cockpit pendant que Francis surveille la carte et le radar. Après quelques minutes, il passe la tête par la lucarne de la descente et me demande « -il y a quelque chose à 11 heures à 4 milles. Tu le vois ? ». Je jette un œil dans la direction mais je ne vois rien. Il redescend

vérifier. Pour avoir un meilleur angle, je me poste debout à l'arrière, non sans avoir chopé un harnais et m'être sécurisé au balcon. Au bout de quelques minutes, le bateau que je cherche apparaît. Je tente de comprendre sa trajectoire et de quoi il s'agit. Comme il s'approche, je distingue un bateau de pêche. Il nous croisera finalement à 1,5 milles.
Déjà l'alarme de la tablette de Francis sonne, annonçant un autre bateau.

CHAPITRE 17: LE PIED MARIN DE FRANCIS

C'est un peu plus tard que Francis est apparu, agacé par l'hostilité de la mer et par le bruit de la table repliable du cockpit, qui tapait à chaque vague. Après l'avoir fixée et avoir étiré son dos qui le fait souffrir depuis le départ des Açores, il m'indique qu'il va légèrement changer de cap pour éviter de prendre plein fer la houle et le vent. De fait, quelques minutes plus tard, nous passons de 3 à 4,5 kts.

A propos de Francis, je ne peux pas rester sur l'image trompeuse que pourrait donner l'évocation de son mal de dos et de ses 76 ans. Je l'ai observé durant cette traversée se déplaçant avec la précision d'un félin, solidement campé sur ses jambes, toujours en équilibre et c'est surtout une leçon de pied marin que j'ai reçue.

Alors que je venais d'écrire ces lignes et que j'avais laissé pour plus tard une éventuelle conclusion du paragraphe, elle est arrivée toute seule. Je descendais dans le carré pour me servir une tasse de café froid que je proposais aussi à Francis mais qui la déclinait. Une fois dans la cuisine, en appui instable sur l'évier, alors que je venais de réussir tant bien que mal à me verser une tasse avec la thermos, je sirotais mon café et je jetais dans le même temps un coup d'œil par la trappe de la descente, d'où on aperçoit en partie le cockpit. Francis était monté sur le rebord arrière du Cappuccino, se tenait debout d'une main à une barre et urinait tranquillement dans la mer démontée.

Dans la foulée, décidément remonté contre ces conditions, Francis décide de monter le génois pour appuyer notre allure. Je l'assiste dans un premier temps mais lorsqu'il s'agit de virer de bord pour éviter une zone de pêche qui se profile devant nous, il préfère réveiller Steph. Je contribue pour ma part en basculant la barre sous les consignes de mes équipiers.

Au fil de la matinée, les conditions vont s'arranger et nous finirons par bénéficier d'un courant de 0,5 kts favorable. En revanche, avec le retard pris ce matin, nous ne pourrons de toute façon arriver à proximité du Guadalquivir que tard dans la nuit.

CHAPITRE 18: LA DESCENTE

Mardi 20 juin, 16h00

Le reste de l'après-midi s'écoule tranquillement. Nous récupérons de la nuit quasi blanche d'hier. La fin du voyage se profile déjà : la maman de Steph a réservé des billets d'avion pour le retour de Steph et Francis ce vendredi. Je m'occuperai des miens dès que j'aurai du réseau sur le Guadalquivir.
Autre signe : nous ratons peut être le dernier rendez-vous avec des dauphins. Un groupe d'une vingtaine, peut-être plus, semble s'activer autour d'un banc de poissons à un demi mille à bâbord. Malgré nos sifflements pour aiguiser leur curiosité, ils ne viendront pas nous saluer.

Mardi 20 juin, 18h

Nous décidons de passer la nuit au port de Chipiona, à 4 milles de l'embouchure du Guadalquivir. Avant que la nuit ne tombe, Steph me demande un coup de main pour affaler et ranger la grand-voile, qui ne nous servira plus. Il commence par me recadrer alors que je m'élance sur le pont en prenant le côté sous le vent. Puis il me rappelle, en passant devant moi que « -là, il faut se tenir ! ». C'est sa version à lui du « il faut pas tomber ! » de Francis. Après coup, Steph m'explique que dans son principe, c'est le type de manœuvre qu'il aurait fallu faire, en pleine mer, si on avait dû par exemple enlever un ris à cause d'un vent trop fort. Je ne suis pas mécontent qu'on n'ait pas eu à faire ça au milieu de l'atlantique.

Mardi 20 juin, autour de minuit

L'approche du port de Chipiona est interminable, Nous cherchons les phares et les feux qui identifient son entrée. Finalement, lorsque nous amarrons le Cappuccino à l'entrée du port, il est plus de 2h30. Un garde très moyennement sympa vient nous voir pour nous demander de bouger le bateau alors qu'on est en train de boire un dernier verre. Francis parlemente et obtient que l'on reste où on est à condition d'avoir dégagé le quai à 6h. Ça nous laisse 3 h pour nous reposer.

CHAPITRE 19: LE GUADALQUIVIR

Mercredi 21 juin, 6h00

Ces 3 heures m'ont paru 3 mn. Au-delà de la courte nuit en elle-même, je me sens bizarre ce matin. Je ne sais si c'est la fin de l'aventure qui approche, la contrainte d'avoir à débarrasser le plancher, la promiscuité retrouvée autour de nous (d'autres bruits d'autres gens) ou encore l'amarrage du Cappuccino (on est à l'arrêt pour la première fois depuis une semaine). Les causes restent un peu confuses mais pour être honnête, le sentiment est familier et je le reconnais bien même s'il m'avait quitté ces derniers jours : je suis un peu déprimé. Déjà, je pense en m'éveillant au billet de retour qu'il va falloir réserver : va-t-il y avoir de la place ? à quel prix ? Est-ce que j'aurai seulement du réseau ? Et c'est le monde moderne avec son océan de possibilités, et sa multitude d'emmerdes qui vont avec, qui se pointent de nouveau à l'horizon.

Seule bonne nouvelle : le fait d'écrire ces quelques lignes me remonte déjà un peu le moral. Je pense à la remontée du Guadalquivir qui reste à vivre et qui peut être, sera un palier supplémentaire de décompression bénéfique avant le retour à la vraie vie.

Déjà nous nous présentons à l'embouchure du fleuve. Nous prenons garde de passer entre les bouées rouge (à gauche) et verte (à droite) qui balisent les zones navigables. Les quelques épaves échouées qui jonchent l'embouchure n'ont visiblement pas pris cette précaution. La nuit a été fraîche mais la chaleur monte à mesure que le soleil dissipe la brume de l'aube. Très vite les polaires deviennent insupportables. Après quelques centaines de mètres, les berges aménagées autour de nous, d'abord balnéaires puis industrielles, se font de plus en plus sauvages. Francis nous avait déjà parlé pendant la traversée de son souvenir de fleurs d'oranger lors de sa dernière navigation sur le fleuve. Cette fois, nous arrivons trop tard dans la saison mais les pinèdes que nous longeons à l'embouchure du Guadalquivir ont un parfum magnifique, particulièrement après une semaine de mer. Les mouches aussi, font leur apparition. On s'en serait passé, de celles-là.

Encore en amont, des marais accueillent des nuées d'oiseaux, notamment des cigognes qui viennent nicher dans les squelettes d'eucalyptus morts.

On croise aussi beaucoup de crevettiers, ces bateaux de pêcheurs qui, de loin, ressemblent davantage à des moissonneuses échouées. Vieux clous pour la plupart, ils ont l'air à l'abandon : on en verra que quelques-uns avec des hommes à bord.

A partir de la moitié de la matinée, la marée commence à nous pousser contre le cours normal du fleuve. Pour autant, Steph qui a goûté l'eau couleur café-au-lait du fleuve, confirme qu'elle reste douce : la mer pousse, mais ne se mélange pas complètement, en tout cas pas instantanément et plutôt moins en surface, à l'eau du fleuve. « -A cause des différences de densité et de température » me précise Francis, qui a noté une petite lacune de mon côté sur la Méca-Flu depuis l'épisode des bidons de gasoil. Au point où j'en suis.

Il est maintenant presque midi et il fait vraiment chaud. Deux raisons pour lancer l'apéro et, comme depuis le début, c'est moi qui m'y colle, côté Pastis. Je descends dans le carré chercher tout ce qu'il faut. Comparé aux autres jours, c'est un jeu d'enfant de rapporter le plateau sur le cockpit. Je reste cependant concentré : ce serait trop la honte de se vautrer maintenant.

Steph propose les tacos d'hier soir, froids et coupés en tranche. On se régale. Il a un talent incroyable (entre beaucoup d'autres) pour la cuisine. Ça se voit à ce qu'il arrive à produire avec du jambon blanc sous vide, des restes de fromage, une boite de champignons de Paris et une conserve de sauce basquaise (pour ce que j'ai vu).

Vers la fin de l'apéro, un cargo hollandais qui nous suivait depuis un moment, envoie un coup de corne pour manifester son impatience. Francis se range à bâbord et met en panne. Je prends ma caméra et vais me poster à l'avant pour prendre une vidéo du mastodonte qui nous dépasse. La vague qu'il créé à son passage envoie mon verre au tapis. Et de 4 pour ceux qui ont suivi les épisodes précédents (je sais : ce sont des petites choses, mais voilà : c'est aussi ça). Comme je suis en train de consigner cette anecdote, Francis s'enquiert (en plaisantant) s'il va être rendu responsable des dégâts pour ne pas avoir fait attention à mon verre. Je lui réponds (gentiment) que sur son bateau, il fait ce qu'il veut, mais pour mon journal, c'est moi le patron. Celle-là, je la préparais depuis un moment…

CHAPITRE 20: PUERTO GELVES

Mercredi 21 juin, 14h30

Nous arrivons à Puerto Gelves. L'entrée de la marina apparaît, accolée à un faubourg un peu glauque bien que récent : Francis ne se rappelle pas l'avoir vu lors de sa dernière visite il y a dix ans. Contrairement à Chipiona, l'accueil est plutôt sympa mais on comprend aussi vite pourquoi la Marina est si bon marché : elle n'est visiblement que très sommairement entretenue. En particulier, lorsque nous débarquons, les planches des pontons vétustes menacent de s'effondrer sous nos pas (une se brisera sous ceux de Steph, du reste). De mon côté aussi ça ne va pas très bien, après avoir passé la matinée au soleil, je crois que je couve un début d'insolation. Je trouve rapidement le bar de la marina et m'envoie 3 sodas de suite pour me remettre après m'être mis la tête sous l'eau froide dans les toilettes. Pour autant, on décide avec Steph de ne pas mollir et d'entamer dès aujourd'hui le nettoyage de l'extérieur du bateau. L'intérieur sera pour demain. Après une semaine de mer, le bateau est comme nous, poisseux et un peu crasseux. On enchaîne les rinçages, antirouille, rinçage, savonnage, brossage, rinçage, du pont, du teck, des toiles, balcons, etc… Ça semble ne pas devoir finir.

On en vient quand même à bout pour enchainer le même process avec nous même, l'antirouille en moins mais une tournée de lessive en plus. Je me suis parfaitement accommodé en mer de m'en tenir à une toilette minimaliste, mais à terre, le besoin de propreté redevient soudainement impérieux.

Jeudi 22 juin, matin

Je ressens nettement les vertiges du mal de terre dont m'avait parlé Steph qui survient après plusieurs jours de navigation lorsque l'on revient sur la terre ferme. Ce n'est pas une nausée ni même un malaise, mais juste la tête qui tourne un peu et il faut se concentrer pour marcher droit. Ceux qui s'alcoolisent occasionnellement connaissent cette sensation.

J'ai déjà dit que Puerto Gelves était plutôt délabré. En contrepartie, la marina est extrêmement calme. Un seul autre bateau, un petit trimaran arborant un pavillon suisse, est occupé par un jeune couple, de prime abord pas très causant : Steph a tenté une approche pour leur proposer nos provisions périssables. Il rapporte qu'ils n'ont pas paru intéressés. Pour autant, je ne sais pas en quelle langue il leur a parlé.

Après avoir mangé un morceau à la marina, nous revenons sur le bateau pour remettre l'intérieur du Cappuccino au carré. Chacun son activité : Francis bricole un adaptateur de prise pour se brancher sur la borne 220V du ponton. A un moment, je le vois condamner le fil de terre sur le câble. Je l'interroge : c'est pas comme si on n'était pas sur l'eau…Il me rassure que la terre sera bien reliée. Francis a travaillé longtemps en tant qu'électricien sur des plateformes offshores. Je suppose qu'il connait son sujet.

Avec Steph, nous entreprenons de trier et ranger toute la bouffe. A commencer par les conserves rangées dans les cales qui ont pris la saleté et l'humidité durant le voyage et que je nettoie donc une par une pendant que Steph les replace méthodiquement. J'égrène les noms sur les étiquettes avant de les passer à Steph: saucisses, confit, thon, re-saucisse, maquereaux, re-confit, lait concentré sucré,… On se marre en pensant que si nous avions repêché un naufragé Vegan radical sur le chemin, le pauvre serait mort de faim à bord… J'exagère un peu pour les besoins de la blague car il y a aussi des jus, notamment des étonnantes et délicieuses conserves de jus d'orange achetées à (et de) Trinidad, du café « em grão » de Ponta Delgada ou de la sauce « Créole » de Guadeloupe. L'itinéraire du Cappuccino est inscrit dans ses réserves.

Parmi les restes entamés, je tombe aussi sur une bouteille marquée « alambique ». Steph me dit que c'est l'alcool fort qui sert à bord pour mettre dans les ouïes des poissons pêchés à la traîne. Ca les tue presque instantanément et ça évite qu'ils se débattent sur le pont…Je visualise dans ma tête la mort subite par coma éthylique du poisson et me dis que c'est somme toute un traitement miséricordieux, que l'on n'a malheureusement pas pour nous eu l'occasion, ni le besoin d'infliger.

Une chose dont j'ai eu besoin et que je retrouve en rangeant ma cabine, c'est la boite de « Mercalme ». Au total, je n'ai pris que 3 comprimés de la boîte neuve que m'avait passée Steph. Je laisse le reste sur le Cappuccino à destination de quelqu'un d'autre qui en aura besoin et qui pourrait d'ailleurs être moi un autre jour, qui sait…

Le contenu du frigo va pour moitié à la poubelle. Je retente ma chance pour le reste avec les Suisses. Ils sont ravis et me remercient chaleureusement. Ils viennent de la Grande Motte et sont en route pour le Portugal. Ils me demandent à leur tour d'où nous venons. J'évoque nonchalamment notre traversée depuis les Açores, conscient qu'à ce moment-là, je commence déjà à frimer un peu. Ça marche, du reste : la fille ouvre des grands yeux et me questionne si on a eu de grosses vagues. Je réponds, décontracté : « -un peu... » avec une parfaite maîtrise de la litote sur ce coup là. Bon, je conclus quand même (il ne faut pas exagérer même dans l'imposture) que je n'étais que passager à bord avant de les saluer et de leur souhaiter bon vent.

Jeudi 22 juin, 20h20

Depuis 14h, nous n'avons littéralement pas arrêté de nettoyer, ranger, réparer le Cappuccino et le préparer à rester à quai pendant de nombreux mois en le protégeant des éléments, des vols et de la pourriture. J'avoue que, malgré l'intérêt de la tâche, ne serait-ce que pour bien connaître le bateau, ça fait du bien quand on arrive au bout. Dernier petit ajustement, Francis dégrippe un cadenas pour sécuriser le moteur de l'annexe. En jetant un coup d'œil, il remarque une fuite au niveau de la trappe à l'arrière du bateau. Il démonte l'échelle et découvre que le mitigeur d'eau douce a été mal fermé. Je plaide coupable en me rappelant ma douche de lundi. Et me laisse gentiment engueuler pour ma négligence avec, cerise sur le gâteau, une petite leçon d'écologie sur le thème des économies d'eau et d'électricité, que nous les « jeunes » ne savons plus faire. Je ne dis rien : il a raison. Pas sur la généralité, mais bien sur la rigueur. Et je pense à Victor.

CHAPITRE 21 : EPILOGUE

Vendredi 23 juin, 7h00

Le taxi est pile poil à l'heure pour m'emmener à l'aéroport de Séville. Je prends place à l'arrière et écris ces quelques lignes. Hier soir nous avons fêté sobrement la fin de notre périple au bar de la marina de Puerto Gelves. L'occasion de visionner aussi ensemble quelques images de la traversée sur mon ordi. Je viens de saluer Francis et Steph qui prendront leur vol vers Marseille dans quelques heures. L'émotion que j'anticipais à l'heure de les quitter ne vient que maintenant.

Je referme ce journal de bord. Riche de tout ça.

REMERCIEMENTS ET CONCLUSION

A l'heure des remerciements, J'ai tout d'abord une pensée pour ma femme Séverine, sur qui j'ai pu compter pour me lancer l'esprit libre dans ce projet qui me tenait à cœur. Mais le hasard a aussi bien fait les choses. Je pense en particulier à cet heureux alignement de calendriers qui m'a « libéré » professionnellement pour participer au pied levé à cette aventure. J'ai ensuite eu la chance de ne pas souffrir du mal de mer, voire même en dépit d'un manque de préparation total, de me sentir plutôt en bonne forme jusqu'à la fin d'un voyage, qui pour n'être qu'une partie de transat, n'en reste pas moins assez physique. Ainsi, pour improvisé qu'ait été mon engagement, tout s'est passé pour moi comme si je m'étais préparé spécifiquement et de longue date pour cette traversée, hormis les rudiments de voile que je n'ai appris qu'une fois à bord. Il faut dire aussi que Steph et les autres avaient planifié le convoyage du Cappuccino depuis plus d'un an et que je n'ai eu de mon côté qu'à faire ma valise et me pointer, comme on se met les pieds sous la table…

Parmi les enseignements que je retire de ce voyage, il y a bien sûr une confrontation avec la nature brute de la haute mer. J'en imaginais la toute-puissance avant de naviguer mais ce qui n'était alors qu'une idée, est devenue une expérience, concrète et sensible, presque charnelle. Pendant cette semaine, isolé de (presque) tout contact humain en dehors du bateau, au milieu d'un océan sans limite visible, brassé sans relâche à sa surface, subjugué jusqu'à l'effroi par ses abysses mystérieuses et sans pitié, hypnotisé par les variations infinies de ses paysages de mer et de ciel, j'ai pu m'imprégner de sa force et de son immensité. Seul lien avec ce milieu hostile et magnifique, le Cappuccino constituait la condition de notre survie, à la fois fragile et incroyable d'agilité mais surtout indispensable. Sans embarcation, livrés à nous-même, nous n'aurions eu au plus que quelques heures d'espérance de vie avant que le chaos du clapot ne finisse par nous submerger et nous engloutir ou qu'un prédateur ne nous ait repéré pour son prochain repas. Ou les deux. Elles ne sont pas légions, les aventures humaines qui nous emmènent aussi loin de nos bases avec une telle dépendance vitale à un élément matériel telle que le marin de haute mer dépend de son bateau. Parmi elles : la haute montagne, la plongée profonde, l'aéronautique et l'espace procurent sans doute cette immersion. Sans les avoir pratiquées toutes et comme pour la mer, sans avoir non plus la prétention d'avoir été aussi loin que d'autres, je retiens, à mon humble niveau donc, la formidable leçon de relativité de cette traversée. Car il n'y a pas que la grandeur de la mer, il y a la mer et aussi le ciel, comme dans ces nuits de quart où l'immensité devenue invisible de l'océan laisse toute la place aux lumières des nuées d'étoiles pour nous montrer définitivement que, où que nous regardions, tout finalement nous dépasse. Tutoyer l'évidence de notre insignifiance, voilà à mon sens une parfaite mise en perspective pour jouir pleinement de notre passage sur terre et des libertés que nous confère notre humanité, mais aussi pour relativiser la grandeur de nos ambitions et l'importance de nos problèmes.

Pour autant, comment qualifier et mettre à sa juste place ce que nous avons vécu à bord du Cappuccino ? Notre traversée ne se compare évidemment pas à tous les exploits des surhommes de la mer dont regorge la littérature maritime. Pourtant, même si cette transat a été mille et mille fois réalisée depuis au moins cinq siècles, qu'elle ne présentait pas de risque ni difficulté particuliers, que nous avons largement utilisé le moteur quand le vent nous manquait, que nous n'avons souffert de rien, ni eu aucun drame à bord et même si nous n'étions candidat à aucun record ; même sans tout cela, notre traversée n'en reste pas moins authentique et surtout unique car elle vient aussi et surtout d'histoires d'amitié et de famille qui lui ont donné forme et dont, j'en suis sûr, elle renforcera les liens.

Au moment de clore ce dernier chapitre, j'ai donc une pensée particulière pour l'équipage qui a convoyé le Cappuccino depuis les Antilles, à commencer par ceux qui m'ont précédé sur le bateau, Nico et Vincent, qui auront pu trouver un écho à leur partie de traversée entre Antigua et les Açores dans certains de ces chapitres. Mais c'est bien sûr à Francis et surtout à mon, notre, pote Steph, qui a pris son téléphone ce samedi-là pour m'embarquer moi-aussi dans cette magnifique aventure, que j'enverrai, en forme de remerciement les premiers exemplaires de ce récit. C'est le seul cadeau auquel je pense, qui soit, par sa valeur sentimentale et personnelle, à la hauteur de la nouvelle porte qu'ils m'ont ouverte sur la mer, et peut être aussi sur moi-même.

NOTE SUR LA REDACTION

Ce journal a été écrit en grande partie entre le 14 et le 23 juin 2017, à bord du Cappuccino. Toutefois, la version définitive qui est donnée à lire dans cette édition incorpore aussi des ajouts ou des modifications qui ont été rendues nécessaires à la relecture pour des questions de lisibilité ou d'esthétique du style, d'exactitude des informations techniques mais aussi parce que les semaines qui ont suivi la traversée ont parfois éclairé d'un jour à la fois nouveau et complémentaire certaines impressions captées sur le moment. J'ai quand même laissé, avec leurs approximations et parfois sans trop les réécrire afin de respecter au mieux le format du journal, la majorité des passages témoignant de mon propre apprentissage de la mer d'une part et mon état d'esprit du moment d'autre part. J'ai aussi laissé pas mal de détails de la vie quotidienne à bord qui pourront paraître anodins voire sans intérêt, mais sans lesquels on ne peut justement pas à mon sens percevoir la réalité d'une traversée comme celle-là. D'abord destiné à un usage personnel, je me suis résolu progressivement au cours de la traversée à éditer ce journal et donc à raconter cette histoire. C'est aussi un exercice auquel j'ai pris un vrai plaisir et qui m'a fait toucher du doigt des sentiments qui sans cela seraient restés confus, en même temps aussi qu'il fixait des souvenirs qui se seraient autrement vite effacés. Je regrette presque d'avoir tant tardé dans ma vie à entreprendre un tel travail d'écriture après une de ces expériences (pas si fréquentes, mais quand même…) que j'ai eu la chance de vivre. J'ai d'ailleurs dès mon retour fortement suggéré à mes filles Clara et Raphaëlle d'ouvrir elles-mêmes un journal. En espérant qu'elles seront plus précoces que leur père.

Table des matières

Chapitre 1 : Prologue 7

Chapitre 2 : Ponta Delgada 11

Chapitre 3 : Danse avec le bateau...................... 18

Chapitre 4 : Il faut pas tomber 22

Chapitre 5 : La bonne direction......................... 29

Chapitre 6 : Saluer les grains............................. 34

Chapitre 7 : Costume de quart.......................... 38

Chapitre 8: le calamar volant 45

Chapitre 9: Les 3 F et Victor Hugo..................... 48

Chapitre 10: histoires de tuyaux 50

Chapitre 11: notre ami paquebot 56

Chapitre 12: une douche et un bain de soleil 58

Chapitre 13: maîtres coq................................... 60

Chapitre 14: Chien fou 62

Chapitre 15: Closest Point of Approach 64

Chapitre 16: Le golfe de Cadix 67

Chapitre 17: le pied marin de Francis 70

Chapitre 18: La descente................................... 73

Chapitre 19: le Guadalquivir 75

Chapitre 20: Puerto Gelves 80

Chapitre 21 : Epilogue....................................... 86

Remerciements et conclusion 87

Note sur la rédaction 91